글·그림 맥 판 하크동크

네덜란드의 그래픽 디자이너이자 삽화가로, 헤이그에 있는 왕립예술학교에서 공부했습니다. 학교에 다닐 때부터 동물들, 특히 펭귄과 고래를 소재로 재미있으면서도 교육적인 만화들을 그렸습니다. 현재 작가는 로테르담에 있는 블라이도르프 동물원의 삽화가로 일하고 있으며, 어린이들을 위한 책을 여러 권 출판했습니다. 그의 책에서는 주요 인물로 동물이 자주 등장합니다.

옮김 한도인

영문학자이자 대학교수입니다. 성균관대학교에서 셰익스피어에 관한 연구로 박사 학위를 받았고, 현재 단국대학교 교양학부에서 영어를 가르치고 있습니다. 매년 영어와 영문학 전반, 특히 셰익스피어에 관한 연구 논문을 발표하는 한편, 틈틈이 연극 감상평을 쓰기도 하고 학술 번역은 물론 아동 청소년 소설 번역도 열심히 하고 있습니다. 어린 시절을 작은 시골에서 보낸 기억을 어젯밤 꿈처럼 마음속 한편에 두고 있는 옮긴이는 글쓰기와 그림 그리기를 좋아해서 언젠가는 그 기억을 글과 그림으로 풀어내고 싶어 합니다. 그동안 《초록빛 도시를 만든 에코 생쥐 삼형제》, 《슈퍼 할머니와 방귀 콩 대작전》 등 아동 청소년 소설을 번역했습니다.

신비의 숲으로 놀러 올래?

초판 1쇄 펴낸날 2024년 6월 20일
2판 1쇄 펴낸날 2025년 6월 20일

지은이·그린이 맥 판 하크동크 | **옮긴이** 한도인 | **펴낸이** 양승윤
펴낸곳 (주)와이엘씨 | **출판등록** 1987년 12월 8일 제1987-000005호
주소 서울특별시 강남구 강남대로 354 혜천빌딩 15층
전화 02-555-3200 | **팩스** 02-552-0436 | **홈페이지** www.aladinbook.co.kr

값 14,800원
ISBN 978-89-8401-396-4 74400 | 978-89-8401-399-5 (세트)

Wow! De wonderen van het bos. Geheimen van het woud
by Mack van Gageldonk / First published in Belgium and the Netherlands in 2021
by Clavis Uitgeverij, Hasselt-Alkmaar-New York
Text and illustrations copyright © 2021 Clavis Uitgeverij, Hasselt-Amsterdam-New York

All rights reserved.
Korean translation Copyright © 2024 YLC Inc.
Arranged through Icarias Agency, Seoul

이 책의 한국어판 저작권은 Icarias Agency를 통해 Clavis Uitgeverij와 독점 계약한 (주)와이엘씨에 있습니다.
저작권법에 의하여 한국 내에서 보호를 받는 저작물이므로 무단전재와 복제를 금합니다.

알라딘 북스는 (주)와이엘씨의 어린이 책 출판 브랜드입니다.

① 품명 : 신비의 숲으로 놀러 올래?
② 제조자명 : 알라딘북스
③ 주소 : 서울시 강남구 강남대로 354
④ 연락처 : 02-555-3200
⑤ 제조년월 : 2025년 6월
⑥ 제조국 : 대한민국
⑦ 사용연령 : 6세 이상
⑧ 취급상 주의사항
 • 종이에 베이지 않도록 하세요.
 • 책의 모서리가 날카로우니 던지거나 떨어뜨려 다치지 않도록 주의하세요.
⑨ KC마크는 이 제품이 공통안전기준에 적합하였음을 의미합니다.

와글와글 숲속 친구들 이야기

신비의 숲으로 놀러 올래?

글·그림 **맥 판 하크동크** | 옮김 **한도인**

놀라운 숲 이야기

숲은 세계 곳곳에서 자라고 있습니다. 셀 수 없이 많은 나무와 식물들, 버섯들, 그리고 동물들이 가장 살고 싶어 하는 곳이 바로 숲입니다. 숲은 생명으로 가득 차 있지만, 우리는 그들 대부분이 숲에 있다는 것을 전혀 눈치채지 못한 채로 지나치게 됩니다. 대부분의 동물들은 눈에 뜨이고 싶어 하지 않거든요. 그들은 나무 그루터기 밑이나 나무 뒤, 아니면 나뭇잎에 숨어 있습니다. 숲의 다른 생물들 역시 대부분 우리 눈에는 감춰져 있습니다. 하지만 숲에 대해서 조금 더 알고, 조금 더 주의 깊게 관찰하면, 완전히 다른 새로운 세계가 여러분 앞에 펼쳐질 거예요. 나무들이 어떻게 서로서로 돕는지, 버섯이 어떻게 택배 직원처럼 활약하는지, 씨앗들이 어떻게 날아다니는지, 키가 작은 관목•들이 얼마나 똑똑한지 알게 된다면 말이지요. 그리고 곰팡이나 버섯이 얼마나 거대하게 자랄 수 있는지, 또 어떻게 나무가 맛있는 팬케이크 시럽을 만들어 내는지를 알게 되면, 여러분은 숲을 정말 생생하게 느끼게 될 거예요! 이 책은 여러분에게 숲속의 크고 작은 나무들 뒤에서 어떤 놀라운 일들이 일어나고 있는지 보여 줄 겁니다. 우리 함께 야생의 숲을 거닐면서 초록빛 사이에 숨겨진 숲의 마법을 발견해 보아요.

• 키가 작고 원줄기와 가지의 구별이 분명하지 않으며 밑동에서 가지를 많이 치는 나무. 무궁화, 진달래 등이 있어요.

막대기에 달린 식물

주변 환경에 따라서 숲은 크거나 작을 수도 있고, 아주 오래되었거나 생긴 지 얼마 되지 않았을 수도 있어요. 또 그 숲에 살고 있는 동물들도 역시 다를 수 있습니다. 하지만 모든 숲에서 똑같은 것이 하나 있는데요, 바로 숲의 주요 주민은 **나무**라는 점입니다.

사실, 나무는 막대기에 달린 식물입니다. 그 막대기, 즉 줄기를 통해 나무는 높이 자랄 수 있습니다. 물론 이렇게 된 데에는 이유가 있습니다. 식물은 햇빛으로 자기 먹이를 만들어 내기 때문에 햇빛을 아주 좋아합니다. 그런데 어떤 나무는 햇빛을 받기 어려운 어두운 곳에 자리 잡고 있을 수도 있지요. 바로 그런 때에 줄기는 나무가 다른 식물보다 높이 자라서 가장 많은 햇빛을 받을 수 있게 해 줍니다.

나무의 식사

나무들은 매우 특별한 능력이 있습니다. 나무는 자신의 먹이를 스스로 만들어 낼 수 있는 능력이 있어요. 아마 누군가는 단지 그 이유만으로도 식물이 동물보다 더 영리하다고 말할 수도 있을 겁니다. 동물은 먹이를 얻으려면 노력을 기울여야 하기 때문이지요. 맛있는 풀들을 찾아다니거나 다른 동물을 잡아야만 합니다. 하지만 나무는 각자 자기 몸 안에서 먹이를 만들어 해결합니다. 필요한 것은 오직 공기와 물, 그리고 빛이 있으면 됩니다. 대신 아주 많은 빛이 있어야 합니다. 밤에 비추는 달빛으로는 충분치 않습니다. 나무가 스스로 먹이를 준비하는 데에는 **햇빛**이 가장 이상적인 조건입니다.

수천 개의 작은 입들

나무들은 자기 몸에 난 잎들로 먹이를 만들어 냅니다. 모든 나뭇잎에는 아래쪽 면에 아주아주 작은 입들이 있습니다. 나뭇잎은 이 아주 작은 입들을 통해서 공기 중의 이산화탄소를 흡수합니다. 그 이산화탄소와 물과 햇빛이 결합하면 달콤한 액체가 만들어지는데, 이것이 바로 포도당입니다. 모든 나무의 식량이지요. 포도당과 더불어 나뭇잎들은 산소도 만들어 내는데, 산소는 모든 인간과 동물들, 식물들이 숨을 쉬고 살아가는 데 꼭 필요합니다. 이러한 과정 전체를 좀 어려운 말로 **광합성**이라고 합니다.

식물은 자신이 먹기 위해 포도당을 만들어 내는데, 어떤 식물은 포도당을 너무 많이 생산해서 사람들이 그것으로 설탕을 만들기도 합니다. 사탕수수나 사탕무가 그 경우입니다. 나무 중에도 이렇게 하는 나무가 있습니다. 바로 단풍나무인데, 단풍나무는 엄청난 양의 설탕을 만들어 냅니다. 그래서 사람들은 나무 몸통에 꼭지가 달린 통을 매달아 둡니다. 그 꼭지를 통해서 단맛이 나는 수액, **시럽**이 곧장 통으로 흘러 들어가지요. 이렇게 하기 위해서는 단풍나무가 최소한 40살은 되어야 합니다. 단풍나무는 캐나다의 상징인데요, 캐나다는 전 세계 메이플 시럽의 대부분을 생산하는 나라입니다. 여러분도 팬케이크에 이 맛있는 시럽을 끼얹어 먹어 보세요!

낙엽수

동물이 생김새도 다양하고 크기도 모두 다르듯이, 나무들도 모양과 크기가 모두 제각각 다릅니다. 그렇기는 하지만 동물 사이의 다른 점들이 훨씬 더 분명합니다. 여우는 늑대와 확실히 다르게 생겼지요. 참나무도 너도밤나무와 다른 게 맞습니다만, 이 두 나무의 다른 점을 알려면 좀 더 자세히 들여다봐야만 합니다.

대략 크게 분류하자면, 나무에는 두 종류, 즉 낙엽수*와 상록수**가 있습니다. 낙엽수들은 대체로 **넓은 잎**을 가지고 있어요. 이 종류의 나무들은 기온이 영하로 거의 내려가지 않는 나라들에서 자랍니다. 잎사귀들이 서리에 약하거든요. 가을이 되면, 잎사귀들은 나무에서 떨어지기 때문에 추운 겨울을 겪는 일이 없습니다. 추운 계절이 지나면, 새로운 잎들이 자동으로 자라나기 시작하고 해마다 이런 일이 반복해서 일어나게 됩니다. 그래서 계절에 따라서, 새싹이 돋아나거나 잎이 자라거나 합니다. 아니면 잎이 완전히 다 떨어져 헐벗은 나무가 되지요.

* 가을이나 겨울에 잎이 떨어졌다가 봄에 새잎이 나는 나무.
** 사계절 내내 잎이 푸른 나무.

침엽수

침엽수의 나뭇가지들은 **바늘 같은 잎**을 달고 있습니다. 바늘같이 뾰족하게 생겼지만 사실은 잎사귀가 맞습니다. 단지 돌돌 말려 있거나 납작하게 접힌 것이지요. 침엽수들은 대부분 추운 지역에서 자랍니다. 된서리가 내려도 침엽수들은 끄떡없이 편안하게 잘 지냅니다. 바늘처럼 생긴 잎은 넓적한 나뭇잎보다 훨씬 두꺼우므로 추위를 더 잘 견딜 수 있습니다. 게다가 침엽수에는 추위에 대항하는 보호 장치가 하나 더 있는데요, 모든 잎마다 얼지 못하게 막는 역할을 하는 수액이 있습니다. 이런 이유로 침엽수들은 겨울에도 낙엽수처럼 잎을 떨어트릴 필요가 없습니다. 그래서 침엽수림은 1년 내내 초록색을 유지합니다.

땅속에 있는 뿌리

나무는 잎사귀 부분과 몸통 역할을 하는 줄기 부분으로 구성되어 있습니다. 그런데 우리 눈에는 보이지 않는 다른 부분이 하나 더 있습니다. 바로 **뿌리** 부분이지요. 뿌리는 나무에게 아주 중요한데, 땅 위에 나와 있는 것만큼 길이도 깁니다. 뿌리가 땅속 깊이 뿌리내리고 있어서 나무줄기는 폭풍우가 몰아친다 해도 단단하게 서 있을 수 있습니다.

나무는 이 뿌리를 이용해서 땅속에 있는 물을 빨아들입니다. 잎사귀들이 나무의 식량인 포도당을 만들기 위해서는 그 물이 꼭 필요하지요. 나무가 필요한 만큼 충분히 포도당을 먹게 되면, 나머지 포도당은 뿌리에 저장되어 뿌리를 보호하는 역할을 합니다.

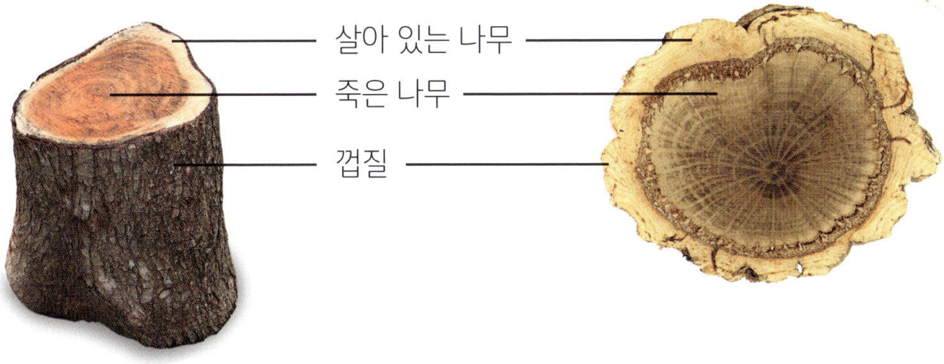

살아 있는 나무
죽은 나무
껍질

나무들이 물을 마시는 법

나무들은 물을 엄청나게 많이 마십니다. 따뜻한 날, 나무 한 그루는 하루에 **물 수백 리터** 정도는 거뜬히 빨아들입니다. 그 물은 줄기를 통과해서 잎으로 전달되지요. 이런 전달 작업은 나무 몸통 중에도 살아 있는 부분, 즉 껍질의 바로 뒷부분에서 일어나는데요, 그곳에는 나무가 물을 들이켜 위로 올려 보낼 수 있게 해 주는 아주 섬세한 관들이 있습니다. 그 관들로 여러분들이 빨대로 음료수를 마시는 것과 마찬가지 방법으로 물을 마십니다.

속이 빈 나무도 잘 살 수 있어요

나무 몸통인 줄기의 표면은 코르크• 층으로 이루어져 있는 경우가 많습니다. 이 코르크층이 나무를 보호하는 나무껍질입니다. 이 껍질의 안쪽이 나무이고, 그 부분은 해마다 조금씩 두껍게 자라납니다. 그런데 나무줄기를 자른 단면을 보면 나무가 성장해 온 모습을 확실하게 볼 수 있습니다. 둥근 테가 1년마다 하나씩 생기므로 나무의 나이를 알 수 있지요. 그런데 물은 나무의 바깥 부분을 통해서만 운반됩니다. 안쪽은 죽어서 결국 **죽은 나무**가 됩니다. 그래서 속이 텅 빈 나무도 오랫동안 살 수 있어요. 단지 좀 덜 튼튼할 뿐이지요.

• 죽은 식물 세포로서 세포벽은 밀랍 같은 물질을 머금고 있어 물과 기체가 스며들지 못해요.

어두운 땅에서 살아남기

모든 식물은 햇빛을 받아야 삽니다. 그런데 숲에 사는 식물이 살아가기 매우 어려운 경우가 있습니다. 키가 큰 나무들이 거의 모든 빛을 가려 버릴 때 그렇지요. 이런 이유로 식물들은 종종 나무가 없는 빈터에서 자랍니다. 그곳에서는 온갖 종류의 관목과 꽃들, **양치식물**과 **이끼**들을 볼 수 있습니다.

침엽수들은 종종 낙엽수들보다는 좀 더 촘촘하게 서 있는 경우가 많습니다. 그래서 침엽수림 안에서는 땅까지 도달하는 빛의 양이 훨씬 더 적게 마련입니다. 그렇기 때문에 땅바닥에 사는 식물은 굉장히 살기 힘듭니다. 하지만 양치식물과 이끼는 이러한 조건을 견딜 수 있기 때문에 침엽수림 아래 땅바닥에서 종종 이 식물들을 볼 수 있습니다. 이 식물들은 땅 위는 물론 떨어진 나뭇가지나 나무 그루터기에서도 살고 있지요.

• 고사리처럼 꽃이 피지 않고 홀씨로 번식하는 식물.

관목 강도들아, 저리 가!

낙엽수림에는 종종 나무가 없는 빈터가 있는데, 그곳에서 관목들이 자랄 수 있습니다. 동물들은 그런 곳을 마음에 들어 합니다. 관목의 잎을 동물들이 정말 좋아하거든요. 그래서 많은 관목이 자신을 보호하기 위해서 가시라는 아주 강한 방어 수단을 가지고 있습니다. 여러분은 가시 달린 관목 위로 넘어져 본 적이 있나요? 만약 그랬다면 엄청나게 아팠을 거예요. 관목의 열매나 꽃들도 동물에게 위험할 수 있습니다. 특히 열매는 맛있다 하더라도 독이 있을 수 있습니다. 관목 중 특히 **금작화**는 절대로 안심할 수 없습니다. 나무 자신은 물론 씨앗까지도 독으로 꽉 차 있거든요. 그러니 정말 조심하세요! 하지만 금작화의 독은 **약**으로 사용되기도 합니다. 금작화 외에도 약품을 만드는 데 쓰이는 식물들이 숲에서 많이 자라고 있습니다.

서로를 찾는 나무들

숲에서 사는 나무들 사이에는 뭔가 특별한 일이 일어나고 있습니다. 땅 위에서 보면, 나무들은 모두 얼마만큼은 떨어져서 자라고 있지요. 하지만 땅속에서는 서로 연결되어 있는 경우가 많습니다. 서로 가까이 서 있는 참나무 두 그루나 너도밤나무 두 그루의 뿌리는 서로를 향해 자랍니다. 한쪽 나무에 포도당이 떨어지면 다른 한쪽이 영양분이 풍부한 포도당을 전달해서 도와줍니다. 마치 한 가족인 사람들이 하는 것처럼 말이지요. 때로는 예상하지 못했던 데에서 도움을 받기도 하는데, 버섯, 그러니까 **곰팡이**로부터 도움을 받기도 합니다.

곰팡이는 버섯의 땅속에 있는 부분인데, 버섯에서 가장 큰 부분을 차지합니다. 버섯 아래에는 수십 킬로미터 길이의 가느다란 실이 있어 숲 전체에 있는 모든 나무의 뿌리를 연결합니다. 그래서 어떤 나무든 멀리 떨어진 사촌에게 영양가 많은 포도당을 보낼 수 있고 그 반대로 받기도 합니다. 그런데 곰팡이는 왜 그런 일을 하는 걸까요? 곰팡이들도 포도당을 좋아하기 때문입니다. 곰팡이는 배달할 때마다 일정 부분을 자신의 몫으로 챙깁니다. 이렇게 해서 모두가 만족스럽게 지내는 것이지요.

거대한 요정의 고리

곰팡이들은 숲속 토양•에서 삽니다. 곰팡이들은 사실 버섯들의 '뿌리'이고, **버섯**은 **곰팡이**들의 눈에 보이는 모자라고 할 수 있습니다. 때때로 곰팡이들은 땅 위에 원형으로 자라서 아름다운 요정의 고리를 만들기도 합니다. 이렇게 자란 버섯들은 땅속에서 곰팡이가 어떻게 자라는지를 정확하게 보여 줍니다. 위쪽 사진에 있는 요정의 고리는 아주 작은 겁니다. 곰팡이들은 축구장보다도 더 커질 수 있거든요. 세상에서 가장 커다란 곰팡이는 축구장 천 개보다 더 넓은 지역을 덮고 있습니다. 고래보다 훨씬 더 크죠! 게다가 곰팡이들은 아주 오랫동안 자랄 수 있습니다. 미국에서 자그마치 2천 년이 넘은 곰팡이가 발견된 적도 있었거든요! 눈으로 보이는 버섯도 특별하지만, 보이지 않는 버섯 아래에 있는 곰팡이는 깜짝 놀랄 만하다고 할 수 있습니다.

• 식물에 영양을 공급하여 자라게 할 수 있는 흙.

아기 버섯은 펑 터지며 시작해요

버섯들은 곰팡이의 번식을 책임지고 있습니다. 버섯은 식물의 씨앗과 같은 역할을 하는 **홀씨**를 가지고 있는데, 그 홀씨에서 새로운 버섯이 자라납니다. 어떤 버섯들은 홀씨가 눈에 확실히 보입니다. 옆 사진에 있는 버섯처럼 무엇인가가 닿는 순간 펑 하고 터지면서 구름같이 생긴 홀씨를 한꺼번에 내보내기도 합니다.

• 식물이 번식하기 위해 형성하는 생식 세포.

예쁘지만, 조심하세요!

광대버섯이 아마 가장 많이 알려진 독버섯일 겁니다. 버섯의 빨간색 바탕 위에 박힌 흰색 점들은 정말 멋있게 보이지요. 하지만 조심해야 합니다. 광대버섯은 보이는 것처럼 그렇게 좋은 면만 있지는 않습니다. 이 버섯은 독성이 굉장히 강합니다. 입에 넣었다가는 진짜 굉장히 아프게 될 테니, 절대로 단 한 입도 먹지 마세요! 특히, 작은 강아지들에게 광대버섯은 목숨을 잃을 정도로 위험합니다.

버섯들은 **모양과 색**이 아주 다양합니다. 마치 예술가가 만들어 낸 작품들 같습니다. 어떤 버섯은 폭포 모양이고, 또 어떤 버섯은 컵 모양으로 보입니다. 그런데 가장 맛있다고 알려진 버섯 중의 하나인 송로버섯은 예쁜 생김새와는 거리가 멉니다. 딱딱한 감자처럼 생겼고 나무의 뿌리에서 자랍니다. 요리사들이 이 버섯을 아주 좋아하지요.

꽃가루 구름

봄이 되면 꽃가루들이 구름처럼 엉켜서 숲속을 날아다닙니다. 나무에서 나온 꽃가루들이 바람을 타고 이동하는 것이지요. 그렇게 많은 꽃가루 중에 아주 적은 양의 꽃가루만이 같은 종류의 나무에 열린 꽃에 내려앉습니다. 그러면 수꽃 가루가 암꽃을 수분•시켜서 열매가 생깁니다. 열매가 아주 딱딱할 때에는 견과류라고 불립니다. 시간이 흘러 열매가 충분히 자라고 나면 나무에서 떨어지고 그 열매의 씨앗에서 **새로운 나무**가 자라게 됩니다. 그런데 어떤 나무들은 자식들이 자기가 만든 그늘에서 자라게 되는 것을 원하지 않습니다. 그런 나무들은 자기 씨앗이 더 멀리 떨어져서 자리 잡게 하려고 특별한 기술을 부립니다. 어떤 씨앗들은 멀리 튀어 나가기도 하고, 또 어떤 씨앗들은 동물에게 달라붙기도 합니다. 단풍나무는 자기 씨앗이 멀리 날아갈 수 있도록 날개를 달아 줍니다. 그래서 단풍나무 씨앗은 마치 헬리콥터처럼 날아다니지요.

• 종자식물에서 수술의 화분이 암술머리에 옮겨붙는 일. 바람, 곤충, 새, 또는 사람의 손에 의해 이루어져요.

나무를 도와주는 동물들

청설모와 **새들**은 나무가 씨앗을 퍼뜨리는 것을 도와줍니다. 청설모들은 추운 겨울을 대비하는 식량으로 견과류를 잔뜩 땅에 묻어 둡니다. 그 견과류 속에는 씨앗이 들어 있지요. **까치**와 **어치**, 그리고 까마귀 같은 새들은 산딸기 같은 열매들을 한꺼번에 많이 묻지 않고, 낱개로 묻습니다. 청설모와는 다르게, 새들은 겨울에 감추어 둔 열매들을 어떻게든 거의 다 찾아냅니다. 나무들은 사실 동물들이 묻어 둔 열매를 잊어버리기를 바랍니다. 봄이 되었을 때 묻힌 열매 속 씨앗 중에서 새 나무가 자라날 수도 있거든요.

나무 잡는 식물

식물들은 숲의 어두운 지역에 살고 있어도 모두 햇빛을 받기를 원합니다. 그러기 위해서 어떤 식물들은 아주 현명한 해결책을 생각해 냈습니다. 바로 나무를 타고 오르는 것인데요, 좋은 예로 **담쟁이덩굴**이 있습니다. 담쟁이덩굴은 덩굴손이라 불리는 뿌리가 있어서 나무줄기를 붙잡고 올라갑니다. **인동덩굴**은 다른 방법을 사용합니다. 인동덩굴은 나무줄기에 자기 몸을 빙글빙글 감는데 심지어 나무의 영양분을 빼앗기도 합니다.

이끼와 난초, 그리고 양치식물들도 나무에 살 수 있습니다. 이 식물들은 나무에게 해를 끼치지 않으면서 자기가 필요한 물을 흡수하는 방법을 찾아냈지요. 좀 어려운 말로 이런 식물들을 **착생식물**●이라고 합니다.

● 식물의 표면에서 자라며 대기에서 물을 얻고 주변의 양분을 이용하여 사는 식물. 고사리류, 이끼류 등이 있어요.

버섯이 항상 다정하지는 않아요

곰팡이와 버섯이 항상 땅속이나 땅 위에서만 사는 것은 아닙니다. 죽은 나무 그루터기나 살아 있는 나무줄기에서 자라기도 합니다. 어떤 때에는 이것이 별로 문제가 되지 않지만, 때로는 해를 끼치기도 합니다. 예를 들어, 꽤 두꺼운 **말굽버섯**은 약해진 나무에서 사는데요, 보통 그런 나무는 살아남지 못합니다. 나무가 완전히 죽고 나면, 말굽버섯은 놀라운 일을 합니다. 나무가 죽으면 쓰러져서 땅바닥에 눕게 됩니다. 그러면 버섯은 갑자기 똑바로 서게 되는데, 이걸 버섯은 원하지 않습니다. 그래서 이미 있던 버섯에서 새로운 버섯이 나와서, 수평 방향으로 자랍니다.

여러분은 혹시 새의 둥지같이 생긴 커다란 가지 뭉치가 있는 나무를 본 적이 있나요? 이것은 **겨우살이**라는 식물입니다. 겨우살이는 자기가 자라고 있는 나무로부터 물을 얻습니다. 이 식물의 열매는 새들의 먹이가 되는데, 새들은 먹고 난 후에는 다른 나무로 날아갑니다. 만일 새가 다른 나무의 가지에 자기 부리를 비비거나 거기에서 똥을 싸면, 새에게 먹힌 열매의 씨앗은 결국 새로운 나무에 도착하게 됩니다. 그러면 그 나무에서 새 겨우살이가 자랄 수 있습니다.

숲에는 **곤충을 먹는 식물**도 있습니다. 여닫을 수 있는 항아리 모양의 어떤 식물은 파리를 잡아먹고, 또 악어의 입 모양을 한 어떤 식물은 입을 열고 있다가 맛있는 곤충이 지나가면 철컥하고 입을 닫아서 잡아먹습니다.

무스
북극의 숲
늑대
청설모
비버
회색곰
세쿼이아
나무늘보

이 **세계 지도**에서 짙은 녹색 부분은 삼림 지대입니다. 여러분도 보다시피, 우리 지구의 많은 부분이 숲으로 이루어져 있습니다. 각각의 삼림 지대에는, 각기 다른 동물들과 식물들이 살고 있습니다. 이 책은 야자나무로 표시된 열대 우림•을 뺀 거의 모든 숲을 다루고 있는데, 이들 숲에는 특유의 식물과 동물의 세계가 있습니다.

• 1년 내내 기온이 높고 비가 많은 적도 부근의 열대 지방에서 발달하는 삼림.

먹이가 충분한 동물의 거주지

숲은 많은 동물에게 있어 이상적인 거주지입니다. 나무에는 견과류와 과일들, 씨앗들 외에도 여러 가지 맛있는 것들이 달려 있고, 관목에는 열매와 수액이 가득한 나뭇잎들이 가득 있습니다. 많은 동물들의 배를 채워 줄 먹이가 아주 충분합니다.

그래서 숲에는 여러 동물이 북적북적 살고 있습니다. 하지만 정작 여러분이 숲속을 걸을 때는 거의 이 사실을 알아차릴 수 없지요. 사방이 아주 조용해 보입니다. 이것은 모든 동물이 빈틈없이 경계하고 있기 때문입니다. 나무에는 맛있는 것들이 가득할 수도 있지만, 위험한 곳이기도 합니다. 위 사진의 청설모가 하는 것처럼, 무방비 상태로 낮잠을 잘 시간은 거의 없습니다. 항상 자신을 잡아먹으려는 동물이 있을 수 있거든요. **육식동물**은 대개 시력이 아주 좋거나, 그게 아니라면 청각과 후각이 굉장히 뛰어납니다. 여러분이 알아차리기도 전에 동물들은 이미 여러분을 보았을 겁니다. 그런데도 조용한 이유는 숲의 동물들이 주의를 끌고 싶어 하지 않기 때문입니다. 눈에 띄이거나 냄새를 풍기거나 소리가 들리게 되는 것을 바라지 않지요. 이러한 목적을 달성하기 위해 각각의 동물들은 자신만의 방법을 개발해 왔습니다. 이러한 전략은 때로는 너무 놀라워서 여러분은 보면서도 자기의 눈을 거의 믿을 수 없을 정도일 거예요.

- 동물의 고기를 먹고 사는 동물.

잠수하는 새

물총새가 숲을 가로질러 날아가는 것을 위쪽 사진에서 볼 수 있습니다. 깃털의 색이 밝아서 눈에 띕니다. 물 위쪽에서 사냥하기 좋은 자리를 찾는 듯 보입니다. 물총새는 사실 개울 바로 옆에 있는 나무에 앉는 것을 좋아합니다. 물 위의 나뭇가지에 앉으면 **물총새**는 아래쪽 물속에 있는 모든 것을 지켜볼 수 있지요.

물총새가 헤엄치는 물고기를 발견하면, 단 한 순간도 망설이지 않고 물로 뛰어듭니다. 날개를 몸에 바짝 붙이고 달려들 때, 이 작은 새는 물속으로 향하는 파란 화살처럼 보입니다. 퍽! 소리가 들리네요. 물고기를 잡았습니다! 물보라를 일으키면서, 물총새는 수면을 부수고 날카로운 부리에 먹이를 물고 날아오릅니다. 물총새야, 맛있게 먹으렴!

나무발바리 숲동고비

나무 위의 곡예사

많은 새들에게 있어서 나무줄기와 나뭇가지는 진짜 훌륭한 식당입니다. 나무껍질의 뒷면에서도 아주 맛있는 작은 벌레나 딱정벌레를 발견할 수 있기 때문이지요. **나무발바리**는 그런 일에는 선수나 마찬가지입니다. **숲동고비**는 훨씬 더 훌륭한 곡예사입니다. 이 작은 새는 반대 방향, 즉 나무를 거꾸로 타고 올라갈 수도 있거든요.

새들은 경보기를 갖고 있어요

새들은 아름답게 노래할 수 있는데요, 위험이 닥쳤을 때 동족에게 위험을 알리기 위해 자신의 소리를 사용하기도 합니다. 예를 들어 **찌르레기**의 지저귐은 나무 밑에 고양이가 있을 때 훨씬 더 날카로운 소리로 바뀝니다. **박새**들은 침입자에 따라서 각기 다른 소리를 내기도 합니다. 그런데 **어치**는 이 모두를 뛰어넘습니다. 어치는 사나운 육식성 새들인 맹금류의 소리를 따라할 수 있어서 다른 동물들을 혼란에 빠지게 만듭니다.

어치 박새 찌르레기

밤의 사냥꾼

새끼 올빼미

올빼미는 특별한 새입니다. 보통의 **맹금류**는 낮에 사냥하는데, 올빼미는 어둠 속에서 사냥하는 것을 더 좋아합니다. 올빼미들은 커다란 눈을 갖고 있어서 밤에도 아주 잘 볼 수 있습니다. 게다가 엄청나게 뛰어난 **청력**을 지니고 있습니다. 올빼미의 귀는 머리 위에 있는 깃털이 아닙니다. 그것은 그저 장식일 뿐이지요. 올빼미의 귀는 머리의 양쪽 옆에 있습니다. 올빼미는 한쪽 귀가 다른 쪽 귀보다 더 높게 솟아 있는 몇 안 되는 동물 중 하나입니다. 이런 올빼미의 귀 형태는 소리가 나는 곳을 정확하게 찾아내는 데 도움이 됩니다. 쥐가 살며시 바스락거리는 소리만 내도 올빼미는 바로 공격할 수 있습니다.

머리가 돌아가요!

올빼미는 깃털 사이에 솜털을 갖고 있습니다. 그 솜털이 너무 부드러워서 올빼미는 날아다닐 때 **아무 소리도** 내지 않습니다. 올빼미는 또 다른 특징이 있는데요, 머리를 완전히 돌릴 수 있습니다. 이건 올빼미가 눈을 움직일 수 없기 때문이기도 합니다. 올빼미는 머리를 완전히 뒤쪽으로 돌리고 기울일 수도 있습니다. 이렇게 할 수 있는 새는 올빼미뿐입니다.

안경이 필요한 올빼미

올빼미는 커다란 눈이 있어서 아주 잘 볼 수 있기는 하지만, 멀리 있는 것을 볼 때만 그렇습니다. 가까이에 있는 것을 잘 보려면, 올빼미는 실제로 안경이 필요할 수도 있습니다. 그래서 쥐는 올빼미와 가까이 있을 때만 올빼미에게서 달아날 수 있습니다. 올빼미가 쥐 바로 옆에 내려앉으면, 그때는 쥐를 더 이상 볼 수 없거든요. 하지만 올빼미는 아주 잘 듣습니다. 쥐가 전혀 움직이지 않고 오랫동안 숨을 참고 있어야만 올빼미의 발톱에서 벗어날 기회를 얻게 됩니다.

다양한 올빼미들

물수리의 낚시법

물수리는 나무 위 높은 곳에 둥지를 짓고 삽니다. 그런데 아주 놀랍게도 엄마 물수리와 아빠 물수리는 새끼 새들에게 물고기 한 마리를 통째로 먹이로 가져다줍니다. **물수리**는 아주 솜씨 좋은 **어부**입니다. 커다란 날개를 펄럭이며 가까운 호수로 날아갑니다. 눈이 아주 좋아서 잡을 수 있는 물고기를 빠르게 알아봅니다. 그리고 알아보자마자 바로 공격합니다. 물을 향해 날아들어 크고 강한 발톱을 앞으로 내밀면서 물 위를 미끄러지듯이 지나갑니다. 물고기가 무슨 일이 일어났는지 알아차리기도 전에 잡아채서 물수리는 먹이를 들고 새끼 새에게로 날아갑니다.

전속력으로 전진!

만일 참매가 숲속을 날아다니는 것을 본 적이 있다면, 여러분은 그 모습을 쉽게 잊지 못할 것입니다. 아무리 많은 나무와 관목이 가로막고 있어도 **참매**는 그 사이를 뚫고 전속력으로 날아갑니다. 이것이 불가능하다고 생각할 수도 있겠지만, 진짜 가능합니다. 참매는 비행 중에는 몸을 접어서 급격하게 방향을 틀 수 있습니다. 지나가고자 하는 가지들 사이로 작은 틈이 보이면 그렇게 하는 것이지요. 참매의 이런 행동은 굉장히 빨라서 느린 동작으로 보여 주는 화면에서만 볼 수 있습니다.

사슴

사슴은 많은 숲에서 살고 있지만, 대개 우리 눈에는 보이지 않습니다. 그럼 사슴들은 여러분을 볼까요? 그렇진 않습니다. 하지만 냄새를 맡을 수는 있습니다. 사슴은 후각이 매우 뛰어나서 바람이 도와준다면 수백 미터 정도로 멀리 있어도 여러분의 냄새를 맡을 수 있습니다. 사슴은 일단 사람을 발견하면, 조용히 눈에 띄지 않게 사라집니다.

수사슴은 머리에 커다란 **뿔**이 있습니다. 이 뿔들은 해마다 겨울이 되면 나무의 낙엽처럼 떨어집니다. 봄이 되면 새로운 뿔이 자라나는데, 대부분 이전에 있었던 뿔보다 훨씬 더 크고 더 멋있습니다. 그래서 사슴은 나이가 많을수록 뿔의 크기가 더 큽니다.

수사슴의 울음소리

가을이 되면, 수사슴에게 뭔가 중요한 일이 일어납니다. 갑자기 많은 털이 목덜미 근처에 자라나 갈기가 만들어집니다. 또 뿔을 공중에 곧추세우고 더욱 깊어진 목소리로 울어서 주변에 자신의 목소리를 듣게 하지요. 이런 **수사슴의 울음소리**는 매우 특이합니다. 소의 울음소리를 닮기는 했지만, 더 깊은 소리를 냅니다. 그런 소리를 내는 동안, 수사슴은 숲에서 자신의 남자다움을 내세우는 행동을 합니다. 수사슴이 이런 행동을 하는 이유는 자기 후손을 낳을 암사슴을 찾기 위해서입니다. 이때 만일 다른 수사슴이 자신의 앞을 가로막으면, 격렬한 싸움이 벌어지기도 합니다. 그러면 두 수사슴은 서로 커다란 뿔을 부딪치며 둘 중 하나가 싸움에서 승리할 때까지 싸웁니다. 몇 주가 지나 번식기가 끝나면, 그런 광경은 사라집니다. 수사슴은 거칠고 과격한 행동을 멈추고 암사슴에 대한 관심도 갑자기 사라지게 됩니다.

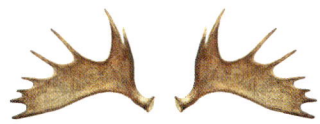

사슴에는 여러 종이 있습니다. **순록**과 **무스**도 역시 사슴에 속하지요. 무스가 가장 몸집이 큽니다. 수컷 무스의 몸은 키가 2미터까지 크고 무게도 승용차 한 대만큼 나갑니다. 무스는 재미있게 생긴 외모에 손바닥 모양의 아름다운 뿔을 가지고 있습니다.

거대한 개미 군단

개미집은 멀리서도 발견할 수 있습니다. 꽤 크거든요. 개미집은 종종 사람의 허리까지 닿기도 합니다. 이 개미집 안에서 개미들은 일을 하며 살고 있습니다. 개미 군단은 아주 잘 짜인 조직입니다. 수개미와 암개미는 마음대로 일을 시킬 수 있는 큰 무리의 일개미 집단을 거느리고 있습니다. 이 일개미들은 개미집을 청소하고 침입자를 막으며, 또 식량이 있는지를 늘 확인합니다.

개미들은 단것을 무척 좋아합니다. 젖소가 우리에게 우유를 주는 것처럼, 진딧물•들은 개미들에게 당분을 줍니다. 그래서 많은 개미 군단에는 진딧물들이 '무리'를 이루어 살고 있습니다. 진딧물에서 달콤하고 맛있는 당분을 얻는 대가로 개미가 진딧물 무리를 보호해 주는 것이지요. 이렇게 함께 살면 개미도 행복하고 진딧물도 행복하겠지요!

• 식물의 즙을 빨아 먹고 그 속의 당분을 배설물로 내보내는 곤충.

아무리 무거워도

개미들은 매우 강합니다. 많은 것을 들어 올릴 수 있어요. 자기 몸집보다 훨씬 커다란 나뭇잎도 작은 개미들에게는 전혀 문제가 되지 않습니다. 오른쪽 사진 속 개미는 자기보다 **몇 배나 더 무거운** 떨어진 꽃을 들고 있습니다. 그렇게 무거워도, 개미는 꽃을 자기 집으로 가져갑니다. 어떤 개미들은 **자기 몸무게의 열 배**까지 나를 수 있습니다. 만약 우리 인간이 그렇게 할 수 있다면, 우리는 올림픽 챔피언이 되겠지요!

똥으로 만든 둥지

숲속에 사는 곤충 친구들 중 쇠똥구리는 좀 특이합니다. 이 친구는 초식동물입니다. 그런데 다른 동물의 똥에도 관심이 있습니다. 오직 식물만 먹고, 똥에 식물의 찌꺼기가 남아 있는, 그런 동물의 똥에만 관심이 있습니다. **쇠똥구리**는 그 똥을 굴려서 멋진 공으로 만들고 그 안에 알을 낳습니다. 새끼 쇠똥구리가 태어나면 공 안에서 보호받는 동시에, 똥에 남겨진 식물의 찌꺼기를 먹이로 먹습니다.

숲속의 토양에는 기어다니는 작은 동물들이 엄청나게 많이 살고 있습니다. 몇 센티미터 지날 때마다 여러분은 **딱정벌레**나 **달팽이**, **지렁이** 아니면 다른 아주 작은 동물들을 볼 수 있습니다. 이 친구들은, 훨씬 더 작은 곰팡이들과 박테리아와 힘을 합해서 낙엽과 다른 동물 그리고 식물들이 남긴 찌꺼기들을 청소하는 일을 담당합니다. 숲의 바닥을 깨끗하게 치우는 쓰레기 수거 서비스를 하는 셈이지요.

지하에 지은 집

숲에서 보이는 땅바닥에 있는 구멍들은 어느 동물의 지하에 있는 집으로 가는 입구인 경우가 많습니다. 그런 집들은 출구가 아주 많기도 합니다. **오소리 굴** 하나에 열 개의 입구와 출구가 있을 수도 있습니다. 어두워지고 나면, 여러분은 오소리의 하얗고 검은 얼룩 머리가 땅 위로 나오는 것을 볼 수도 있을 거예요. 오소리 가족은 지하에 몇 개의 방이 있는 완벽한 집을 꾸리고 있습니다. 그 집의 바닥은 편안한 잠자리를 위해 나뭇잎으로 덮여 있지요. 이렇게 오소리는 자신과 자기 가족을 위해 집을 안락하게 만듭니다. 오소리의 굴은 부모에게서 자식에게로 전해져서 수백 년 동안 유지되기 때문에 오소리의 자식들과 손주들은 그런 편안한 환경을 계속 누릴 수 있습니다.

곰의 굴

여우의 속임수

여우, 곰 그리고 토끼는 모두 잠을 자고 새끼를 돌볼 수 있는 자신만의 굴을 가지고 있습니다. 곰의 굴은 자기 몸보다 더 큰 경우는 거의 없습니다. 몸에 맞는 굴이 곰의 체온을 따뜻하게 유지해 주거든요. 그런데 여우들은 속임수를 쓰기도 합니다. 자기가 **굴**을 파고 싶지 않으면 토끼나 오소리의 굴을 훔칩니다. 여우가 직접 자기 굴을 팔 때는 나무뿌리들 사이에 파서 입구를 여러 개로 만듭니다.

둥지 도둑

담비에게는 한 개 이상의 굴이 필요합니다. 그래서 여러 개를 가지고 있기는 하지만 대부분 스스로 만들지 않습니다. 담비는 속이 빈 나무나 오래된 둥지, 이를테면 청설모의 둥지에서 마땅한 장소를 찾습니다. 청설모가 아직 둥지 안에 있다고 해도 담비는 재빨리 없애 버립니다. 사실 담비가 귀여워 보이지만, 행동은 그렇지 않을 때가 많습니다. 담비는 진짜 맹수입니다.

새끼 곰은 나무를 잘 타요

어떤 나라에서는 숲에서 직접 곰을 마주칠 수 있습니다. 곰들은 대부분 몸집이 크고 힘이 세며 어마어마한 발톱을 가지고 있습니다. 뒷다리로 일어서서 주변을 아주 잘 둘러볼 수도 있지요. 사람들이 접근하면 대부분의 곰은 재빨리 달아납니다. 하지만 어떤 곰은, 이를테면 **회색곰** 같은 곰들은 매우 위험합니다. 그래서 여러분은 항상 조심해야 합니다!

곰은 나무를 잘 타는데, 특히 어린 곰들은 나무에서 자주 볼 수 있습니다. 그런데 새끼와 같이 있는 엄마 곰에게서는 절대 멀리 떨어져 있어야만 합니다. 엄마 곰은 항상 새끼 곰을 보호하려 하기 때문이지요. 구경만 하는 것뿐이라고 해도 절대 봐주지 않으니까 할 수 있는 한 빨리 도망쳐야 합니다.

신선한 연어로 식사를

곰들은 생선, 특히 연어를 좋아합니다. 곰이 수영을 잘하기는 합니다만, 물고기를 잡는 데에는 또 다른 기술을 개발했습니다. 곰은 물가나 아니면 물속에 가만히 서 있다가 커다란 연어가 헤엄쳐 지나가는 바로 그 순간, 강력한 앞발로 내리칩니다. 물고기는 단 한 번의 공격에 나가떨어지고 곰은 쉽게 잡은 연어로 맛있는 식사를 즐깁니다.

잠꾸러기

곰은 잠꾸러기라고 알려져 있습니다. 낮 동안에도 곰들은 햇볕을 쬐며 누워서 졸고 있곤 합니다. 겨울이 되면, 곰들은 안전하게 쉴 만한 굴을 찾습니다. 그 기간은 먹이가 줄어들기 때문에 곰은 되도록 에너지를 아끼려고 합니다. 그래서 곰은 몇 달 동안 **겨울잠**을 잡니다.

곰은 여러 종류가 있습니다. **말레이곰**은 나무를 잘 탑니다. 몸집이 아이만 해서 곰 중에서는 가장 작습니다. **흑곰**이 조금 더 크고 **불곰**은 훨씬 더 큽니다. **알래스카불곰**이 불곰 중에서도 가장 몸집이 큽니다. 알래스카불곰의 수컷은 400킬로그램을 쉽게 넘기지요. 여러분이 혹시 그렇게 몸집이 큰 곰은 빠르지 않다고 생각한다면, 그 생각은 틀렸습니다. 알래스카불곰은 아주 빠르게 달릴 수 있습니다. 심지어 말을 따라잡아 잡아먹을 수도 있습니다.

비버는 댐 건설가

비버는 물이 많은 삼림 지대에서 삽니다. 비버는 수영을 아주 잘하지만, 그 외에도 아주 특별한 일을 할 수 있습니다. 바로 나뭇가지와 진흙, 그리고 나뭇잎으로 댐을 만드는 것이지요. 그런 **비버 댐**은 종종 길이가 몇 미터가 되기도 하고 어떤 때에는 비버 댐 하나가 호수 전체를 가로지르기도 합니다. 댐 뒤편에 비버는 자기 가족이 살기 위한 오두막을 짓습니다. 오두막은 물 한가운데에 있고 수면 아래로 입구가 딱 하나 있습니다. 그래서 오두막은 실제로 적들이 접근하지 못하는 천연 요새입니다. 그런데 물이 좀 빠져서 수위가 낮아지면 오두막의 입구가 보일 수도 있습니다. 비버는 이런 일이 일어나는 것을 바라지 않기 때문에 댐을 만들지요. 댐 덕분에 수위는 항상 일정하게 유지됩니다.

뭐든지 갉아 놓아요

비버가 주변에 있으면 나무와 가지들에 표시가 납니다. 모든 것을 갉아 놓거든요. 비버는 계속해서 자라는 **두 개의 큰 앞니**를 갖고 있습니다. 이 앞니를 이용해서 누구보다도 잘 갉아 낼 수 있습니다. 얇은 나무 정도는 갉아서 쉽게 두 동강 낼 수 있지요. 그렇게 자른 나무들은 오두막을 더 튼튼하게 수리하거나 댐을 만드는 데 사용합니다.

놀이와 사냥

수달은 물속이나 물가에 삽니다. 수달들이 가장 좋아하는 먹이는 물고기입니다. 하지만 물속에서 마주치는 먹을 수 있는 것은 뭐든지 먹습니다. 이 친구들은 수영도 아주 잘하고 속도도 매우 빨라서 물속에서 물고기를 쫓아가 잡습니다. 수달은 장난기 많은 동물이기도 합니다. 미끄러운 진흙 언덕을 미끄러져 내려오길 좋아하고 육지나 물속에서 서로를 쫓아다니며 노는 것을 좋아합니다.

속이 빈 나무를 둥지 삼아

많은 새들이 속이 빈 나무에 둥지를 만들어 알을 부화시킵니다. 위쪽 사진의 **찌르레기**는 멋진 곳을 골랐네요. 나무의 높은 곳에 있는 데다 입구도 작으니까요. 담비나 다른 맹수들이 둥지까지 접근하지 못하길 바랍니다.

찌르레기는 1년에 두 번, 두 개의 알을 낳습니다. 엄마 찌르레기는 단 몇 주 동안에 알을 부화시켜야만 합니다. 때가 되면, 새끼 새가 알 껍데기를 깨고 나오지요. 엄마와 아빠 찌르레기는 새끼들이 구멍 가장자리에 서서 날개를 펼칠 수 있을 정도로 튼튼해질 때까지 먹이를 줍니다. 어린 찌르레기는 나는 법을 따로 배울 필요가 없습니다. 그냥 바로 날 수 있어요.

타고난 등반가

청설모들은 다른 **청설모**가 쓰던 둥지를 찾습니다. 청설모는 높은 나무에 있는 구멍을 둥지로 쓰는 것을 좋아합니다. 청설모는 아주 작게 태어나지만, 빠르게 자랍니다. 2주 정도 지나고 나면 벌써 나무에 오르며 놀 수 있지요. 조금 더 지나면 다 큰 청설모가 되고, 1년이 지나면 자신의 새끼를 낳을 수 있습니다.

딱따구리 소리는 아주 멀리서도 들립니다. 딱따구리들은 튼튼한 부리로 나무줄기를 강하고 빠르게 딱딱 두드립니다. 먹잇감을 잡거나 둥지를 짓기 위해서 하는 행동이지요. 이 일은 어려운 일인 데다 아주 큰 소음을 냅니다. 그래서 딱따구리들은 조금이라도 더 연한 나무줄기, 이를테면 침엽수의 줄기를 찾습니다.

야생 멧돼지 가족

야생 멧돼지는 돼지의 숲속 사촌입니다. 야생 멧돼지들은 **떼**를 지어서 모여 삽니다. 암컷들과 새끼들로 구성된 커다란 무리지요. 그런 무리에서는 어른 멧돼지와 어린 새끼들까지 스물에서 서른 마리 정도는 쉽게 볼 수 있습니다. 멧돼지는 시력이 나쁩니다. 하지만 듣고 느끼고 냄새 맡는 것은 아주 잘합니다. 이들은 도토리와 밤에서부터 풀과 과일까지 모든 종류를 다 먹는데요, 특히 상쾌하게 목욕하는 것을 좋아합니다. 사진에 있는 멧돼지 떼는 물속을 돌아다니고 있는데, 사실 멧돼지는 진흙탕에서 목욕하는 것을 더 좋아합니다. 진흙에서 뒹구는 동안 작은 벌레들이 피부에서 떨어져 나와서 털이 많은 돼지의 가려움증을 없애 주기 때문입니다.

납작한 코

여우는 동시에 여러 마리의 새끼를 낳습니다. 새끼들은 여우 굴에서 태어나는데요, 처음에는 납작한 코와 **작은 귀**를 가지고 있습니다. 여우들도 무리를 지어 살아가는데, 그 무리는 아빠 여우와 엄마 여우, 그리고 두어 마리의 다른 암컷으로 이루어집니다. 다른 암컷 여우들은 새끼 여우들을 키우는 것을 돕는데, 새끼 여우가 원하면 젖을 주기도 합니다.

눈멀고 귀먹은

새끼 고슴도치는 눈이 안 보이고 귀도 안 들리는 상태로 태어납니다. 처음에는 새끼들 등에 아무런 가시도 없습니다. 가시는 태어난 지 두어 시간이 지난 후부터 자라기 시작합니다. 2주가 지나고 나면, 새끼 **고슴도치**는 스스로 몸을 말아서 공처럼 만들 수 있고 좀 더 지나면 엄마 고슴도치를 따라 둥지 밖으로 나올 수 있습니다.

고슴도치는 냄새를 잘 맡을 수 있습니다. 뾰족하게 생긴 코로 멀리서도 맛있는 간식 냄새를 맡지요. 이 친구들이 가장 좋아하는 먹이는 지렁이와 애벌레, 그리고 딱정벌레입니다.

풀숲에 사는 동물

숲속의 많은 동물들은 둥지나 굴에서 태어납니다. 하지만 사슴은 숲의 한복판에서, 관목 아래나 높이 자란 풀숲에서 태어납니다. 때로는 엄마 사슴이 먹이를 찾느라 새끼를 완전히 혼자 남겨 두고 자리를 비우기도 합니다. **사슴**에게는 늘 있는 일이지요. 만일 여러분이 땅바닥에 누워 있는 새끼 사슴을 보게 되더라도 만지면 안 됩니다. 엄마 사슴은 여러분의 냄새를 맡을 수 있고, 그러면 자기 새끼를 버릴 수도 있습니다.

야행성 동물들

어떤 동물들은 낮 동안 쉬거나 자고 밤에 밖에 나가 활동합니다. 낮에는 안전하다고 느끼지 못하기 때문에 그렇게 행동하는데, 사람들이 있는 지역에 사는 늑대들이 그런 경우입니다. **늑대들**은 어둠 속에서도 잘 볼 수 있습니다. 게다가 수백 미터 떨어져 있는 곳의 먹이 냄새도 맡을 수 있습니다.

늑대들은 무리를 지어 삽니다. 늑대의 먹잇감은 주로 사슴이나 노루, 또는 어린 무스 같은 좀 더 큰 동물들입니다. 때로는 까마귀들과 함께 일하기도 하는데, 까마귀들은 늑대들에게 사슴이 있는 곳을 알려 줍니다. 그리고 늑대가 잡은 먹이를 먹고 나면, 까마귀가 도움을 준 대가로 나머지를 얻습니다.

곰과 박쥐

몇몇 곰들은 야행성 동물입니다. 불곰은 낮에 활동하는 동물이지만, 사람이 많이 살거나 다른 동물들이 붐비는 지역에서는 대체로 밤에 활동합니다. 박쥐는 진정한 야행성 동물입니다. 박쥐들은 낮에는 자고 밤이 되면 밖으로 나가서 과일이나 날아다니는 곤충들을 찾습니다. 먹이를 찾으면 초음파를 내보내고 초음파는 곤충 같은 먹이에 부딪힌 뒤 다시 박쥐에게 돌아옵니다. 이런 음파 탐지 시스템을 이용해 박쥐는 곤충이 어디로 날아가는지를 정확하게 알아차려 사냥에 성공합니다.

사슴

사슴은 주로 밤에 활동하는데요, 낮에는 적을 만나게 될까 봐 두려워서 그렇습니다. 사슴은 소리를 아주 잘 듣고 냄새에도 예민합니다. 그래서 밤에도 위험을 바로 알아차릴 수 있습니다. 사슴은 먹는 중에도 가끔 고개를 들어 올립니다. 잠깐 코를 **킁킁거리기** 위해서지요. 사슴은 굉장히 먼 거리에서도 다른 동물의 냄새를 맡을 수 있습니다.

거의 모든 맹금류들은 낮에 먹이를 찾아다닙니다. 하지만 **올빼미**는 야행성 동물입니다. 커다란 눈으로 밤에도 아주 잘 볼 수 있습니다. 생쥐들도 벗어날 수 없지요. 게다가 올빼미들은 잘 숨을 수 있으며 소리를 내지 않고 날아다닐 수도 있습니다. 올빼미가 바로 옆에 있는 나무에 앉아 있거나 머리 위에서 날아갈 때도 여러분이 올빼미를 알아차릴 수 없는 이유가 바로 여기에 있습니다.

눈에 띄지 않기

숲속에서 동물들이 몸을 숨기는 방법은 수없이 많습니다. 나무 뒤에 서 있을 수도 있고, 만일 아주 작은 동물들이라면 나뭇잎 아래에 앉아 있을 수도 있습니다. 그런데 어떤 동물은 위장•을 해서 아예 보이지 않도록 할 수도 있습니다. 그때에는 주변 환경의 모습을 따라 합니다. 나비와 비슷한 나방은 이런 **위장**의 달인입니다. 사진 속의 나방은 자기가 내려앉아 있는 나무의 색깔뿐만 아니라 문양까지도 따라 하고 있습니다. 하얀 종이 위였다면 바로 당장 눈에 띄었을 테지만, 나무 위에서는 거의 눈에 보이지 않습니다. 바로 이러려고 위장하는 것이지요!

• 본래의 정체나 모습이 드러나지 않도록 거짓으로 꾸밈. 또는 그런 수단이나 방법을 말해요.

58

꼼짝하지 않고 앉아 있기

훌륭한 위장술을 가진 동물들을 찾아내기란 매우 어렵습니다. 위쪽 사진에 있는 **고슴도치**는 나무줄기 뒤에 반쯤 숨어 있고, **토끼**는 나뭇가지 사이에 몸을 곧추세우고 앉아 있습니다. 이렇게 설명을 들으면 위장한 동물을 찾을 수 있겠지만, 그냥 볼 경우 눈에 띄지 않습니다. **올빼미**도 매우 뛰어난 위장술을 갖고 있습니다. 나뭇가지 뒤에 있는 다양한 얼룩 모양의 올빼미 깃털은 잘 보이지 않습니다. 몸집의 크기와 상관없이, 올빼미가 있는지 없는지 가려내기는 매우 어렵습니다.

사슴은 숲에서 아주 잘 숨을 수 있습니다. 사슴 몸에 난 털의 색깔은 나무줄기 색과 똑같습니다. 아래 사진에서 흰꼬리사슴 세 마리를 찾아보세요. 잘 찾을 수 있나요?

숲은 계절마다 변해요

낙엽수림은 1년에 네 번 완전히 달라지는 변화를 겪습니다. 봄이 되면 나무들은 환상적인 공연을 펼칩니다. 수천 개의 싹이 트고, 짧은 시간 자라나서 커다란 잎이 됩니다. 여름이 오면 이 잎들은 전부 추운 계절을 대비한 식량으로 많은 양의 포도당을 생산합니다. 가을은 잎의 색이 변하는 계절입니다. 잎에서 녹색이 사라지면서 점차 주황이나 노랑, 빨강 혹은 갈색으로 바뀝니다. 마지막으로 나무들은 필요한 에너지를 줄이고 겨울을 나기 위해 모든 잎을 떨어뜨립니다. 그러면 나무들은 가지만 남아 헐벗은 모습이 되고 숲은 당분간 임시 휴업 상태가 됩니다.

봄에는 빨리 자라요

봄에는 모든 나무에서 잎이 솟아납니다. 나뭇잎들이 완전히 다 자라기 전까지는 햇빛이 땅 표면에 닿을 수 있습니다. 이 시기가 **꽃**이 활짝 피어나는 기간이지요. 이때가 되면 숲의 땅은 알록달록한 카펫과 비슷해집니다.

나뭇잎들이 너무 빨리 자라서 빛을 가로막기 때문에 땅을 덮고 있는 풀과 꽃들도 빨리 자라야 합니다. 그래서 꽃들은 보통 단 몇 주 동안만 피어 있습니다. 그 후에는 다음 해까지 기다려야 다시 꽃을 피울 수 있습니다.

겨울에는 새들이 힘들어요

겨울은 새들에게는 살기 어려운 계절입니다. 추위가 닥치고 서리가 심하게 내리면 새들은 먹이를 찾지 못합니다. 그래서 단 며칠 만에 **체중이 절반**으로 줄어들기도 합니다. 그래도 새들은 발이 차가워져서 고생하는 일은 거의 없습니다. 새들은 다리의 체온을 조절할 수 있어서 얼음 위에서도 발이 쉽게 얼지 않거든요.

겨울옷을 입은 북방족제비

사진에 있는 북방족제비는 눈 속에 있으면 거의 눈에 띄지 않습니다. 북방족제비가 원하는 것이 바로 그것이지요. 이런 위장 덕택에 사냥감이 눈치 못 채게 먹이를 잡을 수 있습니다. 하지만 여름에는 이런 하얀색 털을 가지고 있으면 녹색과 갈색의 나무가 우거진 숲에서 금방 눈에 띕니다. 북방족제비가 여름에는 털이 **갈색**이 되는 것은 이런 이유 때문입니다. 그러니 북방족제비는 겨울옷과 여름옷 둘 다를 가진 셈입니다.

계절의 변화는 숲에 따라서 각기 다른 모습으로 나타납니다. 캐나다의 숲은 강렬한 가을 색으로 아주 유명합니다. 위쪽 사진처럼 나뭇잎들이 아름다운 색으로 물들기 때문입니다. 어떤 숲은 또 다른 계절에 가장 멋진 모습을 보여 줄 수 있습니다. 봄에 숲으로 가면, 그곳에서 뭔가 특별한 일이 일어나고 있음을 여러분도 느끼게 됩니다. 마치 동시에 모든 꽃이 땅에서 솟아 나오고 모든 잎이 나뭇가지에서 자라는 것처럼 보입니다. 이것이 숲의 새로운 시작을 알리는 신호입니다. 새로운 생명이 시작되는 순간이지요!

나이가 거의 만 살

왼쪽의 사진을 보면, 가느다란 나무 한 그루가 황량한 풍경 속에서 우뚝 솟아 있습니다. 여러분은 별로 특별할 게 없다고 생각할 수 있겠지만, 이 나무는 올드 티코라는 이름까지 있습니다. 이 나무를 발견한 사람의 개 이름에서 따온 것이라고 하는데요, 올드 티코는 세계에서 가장 나이가 많은 나무일 수도 있어서 더 특별합니다.

다른 많은 오래된 나무와 마찬가지로 올드 티코에게도 특별한 사연이 있습니다. 나무 전체가 다 그렇게 나이 든 것은 아니거든요. 나무의 줄기는 비교적 젊지만, 뿌리가 거의 만 년이 다 되었습니다. 이 뿌리들로부터 새로운 나무가 수시로 자라납니다. 바로 이 점 때문에 올드 티코는 세계에서 가장 나이가 많은 나무로 여겨지고 있습니다. 위 사진과 아래 사진에 있는 나무는 몇천 살까지는 안 되었지만, 그래도 몇백 살은 되었습니다. 이 나무도 역시 유명하지요. 이름은 에인절 오크인데, 미국에서 자라고 있습니다. 올드 티코는 스웨덴에서 볼 수 있습니다.

찾아보기

개미 • 44~45
겨우살이 • 29
고릴라 • 33
고슴도치 • 55, 59
곰팡이 • 7, 23~25, 29, 45
관목 • 7, 18~19, 34, 41, 55
광대버섯 • 25
광합성 • 13
극락조 • 33
금작화 • 19
까마귀 • 27, 56

까치 • 27
나무늘보 • 32
나무발바리 • 37
낙엽수 • 14~15, 18~19, 62
늑대 • 14, 32, 56
담비 • 47, 52
담쟁이덩굴 • 28
딱따구리 • 53
말굽버섯 • 29
말레이곰 • 49
맹금류 • 57

멧돼지 • 37~38, 57
무스 • 32, 43, 56
물수리 • 40
물총새 • 36
바오바브나무 • 33
박새 • 37
박쥐 • 57
버섯 • 7, 23~25, 29
북방올빼미 • 33
북방족제비 • 65
불곰 • 33, 48~49, 57

비버 • 32, 50~51
사슴 • 42~43, 55~57, 59
상록수 • 14
수분 • 26
순록 • 43
숲동고비 • 37
쇠똥구리 • 45
세쿼이아 • 32
알래스카불곰 • 49
양치식물 • 18, 28
어치 • 27, 37

여우 • 14, 47, 55
오소리 • 46~47
올드 티코 • 67
올빼미 • 38~39, 57, 59
위장 • 58~59, 65
이끼 • 18, 28
인동덩굴 • 28
일본원숭이 • 33
진딧물 • 44
찌르레기 • 37, 52
착생식물 • 28

참매 • 41
청설모 • 27, 32, 34, 47, 53
침엽수 • 15, 18, 53
코르크 • 17
코알라 • 33
판다 • 33
포도당 • 13, 16, 23, 62
회색곰 • 32, 48
호랑이 • 33
홀씨 • 18, 25
흑곰 • 49